Edition Mayoulie

3. Auflage
© 2014 Martina Sylvia Khamphasith
Satz, Layout und Fotos:
Martina Sylvia Khamphasith

Printed in Germany

Hamburger Haiku Verlag

ISBN 978-3-937257-19-8

Spruchweisheiten aus Laos

Ins Deutsche übertragen und
herausgegeben von

Martina Sylvia Khamphasith

Inhalt

Vorwort 7
Tiere sprechen 11
Gute Ratschläge 22
Lebensweisheiten 32
Redewendungen 54
Quellennachweis 58

Vorwort

Ich war erst kurze Zeit in Laos, da versammelten sich spät abends in unserer Wohngegend Menschen und schauten zum Mond hoch. Dann schrien und johlten sie plötzlich. Ich fragte, was los sei. *Kop kin deuan!* war die Antwort. *Der Frosch verschluckt den Mond.* Ich verstand nicht, bis mir erklärt wurde, dass es sich um eine Mondfinsternis gehandelt habe.

Die Bildhaftigkeit der laotischen Sprache begann mich zu faszinieren, und ich fing an, mir Sprüche und Redewendungen aufzuschreiben.

Nachts fliegen Glühwürmchen – *meng hing heu*, funkelnde Insekten – umher. Der Regenbogen entsteht, weil eine Schlange Wasser trinkt. Ein Zeichen dafür, dass die Zeit der Überschwemmungen vorbei ist und der Pegel des Mekongs – dank der Wasser trinkenden Schlange – sinkt. Im Alten Testament erscheint nach der Sintflut als Zeichen der Versöhnung mit Gott ebenfalls ein Regenbogen.

Auch wenn dieser motivische Bogen von einer zur anderen Kultur gewagt anmutet, so kann man doch auch Sprichwörter entdecken, die wahrscheinlich in allen Kulturen der Welt vorhanden sind. So beißen bellende Hunde weder in Laos noch in Deutschland, die Hühner gackern vor dem Eierlegen und die Mäuse feiern, wenn keine Katze in der Nähe ist. Und wo ein Wille ist, findet sich auch in Laos ein Weg. Hier von Wanderungen des Gedankenguts zu sprechen, wäre sicherlich angesichts der riesigen Entfernungen zwischen den Ländern nicht richtig. Eher kann man allgemeine Erfahrungen annehmen, die sich in den verschiedenen Kulturen gleichen.

Wir finden so manches Sprichwort, das Ähnliches aussagt wie im Deutschen, aber es anders ausdrückt. So interessieren sich im Laotischen *alte Büffel für junges Gras,* während im Deutschen sich alte Böcke gern an jungem Gemüse versuchen. Verwunderlich ist die unterschiedliche Wortwahl nicht, denn Büffel kommen in Deutschland nicht vor, wohl aber Schafs- und Ziegenböcke.

In Laos hat der Vogel Ohren und die Maus Flügel, in Deutschland haben die Wände Ohren. Während hier die Augen größer sind als der Magen, ist es in Laos der Mund. Die Nadel, die wir vergeblich im Heuhaufen suchen, hoffen die Laoten im Meer zu finden – auch wenn Laos gar keinen Zugang zum Meer hat. Während die Laoten Flöte für die Ohren der Büffel spielen, werfen wir Perlen vor die Säue. In Laos soll man im Dschungel nicht nach dem Tiger rufen und im Boot nicht nach einer Nixe, in Deutschland malt man besser den Teufel nicht an die Wand. Während deutschen Männern für ein erfülltes Leben einst geraten wurde, ein Haus zu bauen, einen Sohn zu zeugen und einen

Baum zu pflanzen, soll man in Laos auch heute noch ein Haus für Mönche bauen und einen Brunnen graben.

Viele laotische Sprichwörter sind vom buddhistischen Glauben geprägt (so wie die in Europa von christlichen Wertvorstellungen): *Wer Gutes tut, dem wird auch Gutes widerfahren.* Mutter und Vater sollen hoch geachtet werden, denn *die Güte des Vaters ist so groß wie ein Berg und die der Mutter so weit wie Himmel und Erde.*

Manche Wendungen sagen durchaus auch etwas über typische Charakterzüge des laotischen Volkes aus: *Wenn du schnell sein willst, musst du kriechen, wenn du langsam sein willst, musst du rennen.* Und so wird der Besucher schnell merken, dass man mit Hektik in Laos wenig Erfolg haben wird, aber letztlich nicht alles so heiß gegessen wird, wie es gekocht wird.

Und am Ende kriegt – *Ling dai mag pao* – mitunter der Affe die Kokosnuss. Ja und, staunt der deutsche Leser, was hat es damit auf sich? Der Affe kriegt die Kokosnuss, kann sie aber selbst nicht öffnen (zumindest in Laos nicht) und der Mensch möchte sie gern haben, kommt aber nicht rauf auf die hohe Palme. Und so bekommen manchmal diejenigen zum Beispiel einen neuen tollen Computer, die nicht damit umgehen können, und diejenigen ein Auto, die gar nicht damit fahren können. Da ist es ein Trost, dass es kaum ein Unheil gibt, das sich nicht schon vorher irgendwie ankündigt: *Der Frosch quakt vor dem Regen* – denn in Laos gibt es Frösche, die sich melden, sobald Regen im Anzug ist.

Viele der Sprichwörter sind im Laotischen gereimt. Endreim, Stabreim, ja sogar Schüttelreime sind zu finden. Das macht sogar den banalsten Spruch zu einem kleinen poetischen Kunstwerk. Das konnte ich leider nicht ins Deutsche übertragen, denn ich wollte den laotischen Sinngehalt so weit wie möglich erhalten und nicht gewaltsam in deutsche Reime pressen.

Wie lebendig sind Sprichwörter im modernen Laos? In einer noch stark landwirtschaftlich geprägten Gesellschaft sind sie sicherlich stärker im Volk verankert als in Deutschland, wo höchstens ältere Menschen noch Sprichwörter in den Mund nehmen, während Jugendliche die darin tradierten Lebenserfahrungen, -regeln und -weisheiten kaum noch als zeitgemäß empfinden.

Der Frosch wird in Laos sicherlich weiter den Mond verschlucken, wobei man ihn nicht mehr mit Flöten und Trommeln erschreckt, damit er den Mond wieder freigibt, sondern mit bunten Feuerwerkskörpern.

Auch in Laos ist – wie könnte es in einer globalisierten Welt anders sein – ein Wertewandel zu spüren, der sich auch in einem seltener werdenden Gebrauch der alten Sprichwörter niederschlägt.

Gerade deswegen möchte ich mit meiner kleinen Sammlung laotischer Sprichwörter dazu beitragen, die Erinnerung an ein jahrhundertealtes volkstümliches Kulturgut wachzuhalten.

Tiere sprechen

Wenn man das Wasser aufwirbelt,
werden die Fische gefügig.

Das Huhn sieht die Füße der Schlange,
die Schlange sieht die Brüste des Huhns.

Den Hahn macht sein Federkleid schön,
den Menschen die Kosmetik.

Die Kacke des Büffels
breitet sich über den ganzen Schwanz aus.

Hörner sind länger als Ohren.

Alte Büffel suchen immer
nach jungem Gras.

Wenn der Tiger Fleisch fressen kann,
hat der Wald Wasser.

Der Tiger behält seine Streifen,
der Mann seinen Namen.

Einen Namen wie ein Elefant,
aber einen Schwanz wie eine Katze.

Ein schlechter Fisch
verdirbt das ganze Netz.

Der Elefant dringt ins Reisfeld ein,
der Herrscher ins Haus.

Der größere Fisch frisst den kleineren,
der kleinere den kleinsten.

Der Hund ist neidisch auf das Fleisch.

Wenn man die Kobra am Hals gepackt hat,
ist sie noch lange nicht tot.

Die Füße des Elefanten
treten auf den Schnabel des Vogels.

Wenn der Fluss austrocknet,
fressen die Ameisen die Fische.
Wenn das Wasser steigt,
fressen die Fische die Ameisen.

Wenn das Schwein nicht fressen will,
hilft es auch nichts,
wenn du es schlägst, bis es quiekt.

Der Vogel hat Ohren, die Maus hat Flügel.

Der Wald besteht, damit der Tiger lebt.
Der Tiger lebt, damit der Wald besteht.

Entkommst du dem Elefanten,
triffst du auf einen Tiger.
Entkommst du dem Tiger,
triffst du auf ein Krokodil.

Im kühlen Wasser bleiben die Fische,
im warmen Wasser schwimmen sie davon.

Wenn man den Fisch schlägt,
schlägt man auch die Naga.

Die Ameise stirbt
an der Süße des Zuckerrohrs.

Vor dem Regen quakt der Frosch.

Der eilige Affe trifft
auf einen morschen Ast.

Der Kopf wie ein Elefant,
der Schwanz wie eine Maus.

Wenn kein Wasser tropft,
kommen die Schnecken nicht heraus.

Das Schwein pflügt den Acker,
der Hund frisst den Reis.

Wenn der Elefant Bambus frisst,
sieht er nicht das Gras.

Wenn die Büffel kämpfen,
leidet das Gras.

Wenn das Gras verbrannt ist,
sieht man das Gesicht der Maus.

Der Frosch stirbt, weil er quakt,
die Kröte stirbt, weil sie unkt.

Die Eule spottet
über die Augen ihrer Mutter.

Wenn das Wasser
nicht in Augenhöhe der Frösche steht,
quaken sie nicht.

Das Boot ist abhängig vom Wasser,
der Tiger vom Wald.

Wenn man die Schildkröte freilassen will,
muss man sie ans Wasser bringen.

Wenn die Katze nicht anwesend ist,
springen die Mäuse.

Wenn die Seidenraupe schläft,
füttere sie nicht.
Wenn der Tiger schläft,
wecke ihn nicht.

Wenn der Büffel kein Gras fressen will,
brichst du eher seine Hörner,
als dass er frisst.

Hunde, die bellen, beißen nicht.

Erst wenn die Maus
den Webfaden durchbeißt,
weiß man die Katze zu schätzen.

Die Henne gackert, bevor sie ein Ei legt.

Auch ein Tier mit vier Beinen
kann stolpern,
auch ein Gelehrter
kann etwas vergessen,
auch ein goldener Schwan
kann in eine Schlinge geraten,
auch ein alter Büffel
erschrickt vor einem Pflug.

Ein Hund, der mehrere Besitzer hat,
kann in vielen Häusern fressen.

Der Tiger ist ehrlicher als der Mensch,
denn er trägt seine Streifen außen.

Wenn einem ein alter Elefant stirbt,
bekommt man das Elfenbein.
Wenn einem ein junger Elefant stirbt,
bekommt man nichts.

Wenn der Wald brennt,
siehst du die Schlange.
Wenn die Flut steigt,
siehst du die Grille.

Wenn zwei Affen um die Wette klettern,
gewinnt der dritte.

Der Tiger stirbt wegen seines Fells.
Der Elefant stirbt wegen des Elfenbeins.
Der Herrscher stirbt wegen seines Besitzes.

Die Scheren der Krabbe werden stumpfer,
die Füße des Elefanten plumper.

Wenn man einen Büffel fangen will,
muss man warten, bis er kackt.

Der Hund zieht den Schwanz ein,
wenn er ein Haus betritt.

Bevor der Geier zugreift,
hat's die Krähe schon gefressen.

Der Hund sieht den Knochen.

Gute Ratschläge

Gerätst du unter Geier,
dann sei wie ein Geier.
Gerätst du unter Krähen,
dann sei wie eine Krähe.

Wer einen Elefanten beurteilt,
der schaue auf dessen Schwanz.
Wer eine Frau beurteilt,
der schaue auf ihre Mutter.

Geh aus dem Haus,
wenn du auf den Hund trittst.
Komm nach Haus',
wenn du auf den Frosch trittst.

Schließ die Augen,
wenn du in schlammiges Wasser tauchst.

Wer nicht darum gebeten wird,
soll auch nicht helfen.

Wer auf einem Elefanten reitet,
darf nicht diejenigen vergessen,
die zu Fuß folgen.

Wer nicht gerufen wird,
soll auch nicht antworten.

Kaufe keinen Büffel
während der Pflanzzeit,
kaufe keine Kleidung
während der Festtagssaison.

Wenn Büffel in deinen Garten kommen,
wähle stets den letzten.

Wer Mangos essen will,
muss einen Baum pflanzen.
Wer etwas werden will, muss lernen.

Wer Reis essen will, muss ein Feld bestellen.
Wer Fisch essen will, muss ein Netz auswerfen.

Wenn du Früchte essen willst,
vergiss nicht, wer sie gepflanzt hat.
Wenn du Glück hast,
vergiss nicht, wer es dir beschert hat.

Lass den Lotus nicht faulen,
lass das Wasser nicht trüb werden.

Bist du im Dschungel,
dann ruf nicht den Tiger,
bist du im Boot,
ruf nicht die Nixe.

Sei nicht zu faul zum Kochen,
sei nicht zu schüchtern, ein Haus zu betreten.

Wenn du Reis anbauen willst,
spare nicht mit Sämlingen.
Wenn du Handel treiben willst,
spare nicht an Investitionen.

Wenn du etwas tun willst,
dann tue es mit ganzem Herzen.

Wenn die Sonne scheint,
frage nicht nach dem Regen.

Suchst du einen Menschen,
schau in sein Gesicht,
suchst du Stoff,
schau auf die Verarbeitung.

Der Kluge treibt Handel in der Nähe,
der Dumme in der Ferne.

Tadle nicht den Büffel,
wenn dein Zaun schadhaft ist.
Tadle nicht die Stechfliege,
wenn deine Beine nicht bedeckt sind.

Du sollst immer du selbst bleiben.

Setz dich nicht unter alte Leute
und zeige ihnen nicht, dass du klug bist.

Wenn du ein gutes Reisfeld suchst,
guck auf die Setzlinge.
Wenn du ein gutes Pferd suchst,
schau zu, wie es rennt.

Tue Gutes, wenn du zu Hause bist,
so wird man an dich denken,
wenn du in der Ferne bist.

Wenn du das Rind liebst,
musst du es anbinden.
Wenn du dein Kind liebst,
musst du es bilden.

Wenn das Kind nicht schreit,
gib ihm keine Milch.

Du musst die Früchte von dem Ast essen,
an dem sie reif sind.

Wenn du vor einem Elefanten fliehen willst,
dann musst du einen Berg hochklettern.
Wenn du vor einer Schlange fliehst,
musst du im Zickzack laufen.

Schlag keinen Verrückten,
töte keinen Betrunkenen.

Wer wenige Verwandte hat,
muss sich viele Freunde suchen.

Wenn du etwas verlierst, dann weine nicht.
Wenn du etwas gewinnst, dann lache nicht.

Wenn du ein hübsches Mädchen
kennenlernen willst,
dann frage einen Mönch im Tempel.

Wenn du einen Tempel besichtigst,
schau auf die Toilette.

Versuche nicht, ein Krokodil
das Schwimmen zu lehren.

Suche nicht in Menschenhaaren
nach Läusen eines Hundes.

Lass keinen Krieg ins Land,
lass kein Unkraut in deinen Garten.

Wenn du den Mächtigsten folgst,
beißen dich keine Hunde.

Früchte fallen nicht weit vom Stamm.

Setz dir keine Laus ins Haar.

In einem Jahr erarbeitet,
an einem einzigen Tag verloren.

Der Wald ist abhängig vom Tiger,
das Boot ist abhängig vom Ruderer,
der Chef ist abgängig
von seinen Angestellten.

Wenn du Schwierigkeiten haben willst,
dann sei Chef.

Wenn du kritisieren willst, musst du es sachte tun,
wenn du siegen willst, musst du Geschenke machen.

Liebe den Starken und sing dessen Lied.

Wenn du Geld hast, kannst du reden,
wenn du Holz hast,
kannst du ein schönes Haus bauen.

Wenn du willst, dass andere über dich reden,
schaff dir eine Geliebte an,
wenn du willst, dass andere dich beschimpfen,
wirf Dreck auf die Straße.

Glaube nur mit einem Ohr.

Lebensweisheiten

Wer das Netz zu hoch hängt,
fängt nur Luft.

Wer auf die Trommel schlägt,
muss auch das Lied kennen.

Gesprochene Worte
klingen oft lauter als Donner.

Einen Brunnen graben
und ein Haus für einen Mönch bauen,
bringt Segen.

Mensch ist Mensch,
doch die Haare am Hintern
sind unterschiedlich.

Die Zunge hat keine Knochen.

Ein Edelstein,
den man drei Jahre nicht poliert,
wird zu einem gewöhnlichen Stein.
Verwandte,
zu denen man den Kontakt abbricht,
werden zu Fremden.

Wenn Menschen sich treffen,
messen sie sich am Wissen.
Wenn Hunde sich treffen,
zeigen sie sich die Zähne.

Ein zu straff gespanntes Seil reißt,
ein zu locker gespanntes verheddert sich.

Wer spät aufsteht,
sieht keine Mango mehr.

Alle Bäche fließen in einen großen Fluss.

Das Essen, das man nicht aufisst,
wird schlecht,
die Lektion, die man nicht wiederholt,
vergisst man wieder.

Die Güte des Vaters ist so groß wie ein Berg,
die Güte der Mutter so weit wie Himmel und Erde.

Bevor man einen Hund schlägt,
soll man ins Gesicht des Besitzers schauen.

Du hast tausend Augen,
der Herrscher hat tausend Ohren.

Hochklettern ging gut,
aber Geschrei,
wenn es ans Runterklettern geht.

Mit einem einzelnen Holzscheit
kann man kein Feuer machen.

Zwei Saleung Gold in der Hand sind besser
als zehn Baht Gold am anderen Flussufer.

Wenn das Wasser steigt, steigt der Lotus,
wenn das Wasser fällt, fällt der Lotus.

Zehn Münder, die sprechen,
sind nicht so gut wie etwas,
das man mit eignen Augen sieht.
Zehn Augen, die etwas sehen,
sind nicht so gut wie etwas,
das man in der Hand hat.

Wenn der Wunsch besteht,
dann kann das Ziel erreicht werden,
auch wenn es noch so weit entfernt ist.

Wenn das Feld abgeerntet ist,
wird der Büffelbulle getötet.
Wenn man ein gestreiftes Hemd anzieht,
beißen einen die Hunde.
Wenn man Vergangenes ausgräbt,
entsteht Streit.

Wenn schlammiges Wasser in einen klaren Fluss fließt,
wird er schlammig.

Es regnet nicht über der ganzen Stadt.

Wer den Reis des Teufels isst,
hört auch auf die Worte des Teufels.

Wer andere töten will, wird selbst getötet.

Das Messer ist auch in der Scheide scharf.

Wenn man die Reisschalen lange genug presst,
erhält man Öl.

Mit bitterer Medizin
kann man Krankheiten heilen.

Altes Holz lässt sich nicht verformen,
aus alten Bambussprossen
lässt sich keine Suppe kochen.

Wassertropfen können
einen großen Krug füllen,
Vögel können
aus kleinen Halmen ein Nest bauen.

Worte schlagen einen Menschen härter als ein Stock.

Alt für andere, aber neu für mich.

Wer auf dem Bauch schläft, schluckt Spucke,
Wer auf dem Rücken schläft, schluckt Luft.

Wer sich in der Nähe des Feuers aufhält,
dem wird heiß.

Wer einem Hammer zu nahe kommt,
erleidet Schmerzen.

Aus krummem Holz kann man Haken machen,
aus verbogenem Metall kann man Sensen machen,
aus krummen Menschen gar nichts.

Die Mangos reifen von Süden nach Norden,
die Auberginen von Norden nach Süden.

Es gibt viele Straßen,
auf denen du gehen kannst.

Wenn du mit dem Hund spielst,
leckt er dein Gesicht.
Wenn du mit der Machete spielst,
schneidet sie in deine Hand.

Der große Krug läuft über,
der kleine wird nicht voll.

Schnelle Münder reden Unfug,
schnelle Beine fallen vom Baum.

Die Made sitzt im Darm.

Wer bei einer Pagode wohnt,
braucht nicht zu lernen.

Eine Handvoll Scheiße ist besser
als ein Furz.

Das Feuer giert nach Holz,
der Ozean giert nach Wasser aus den Flüssen,
der Besitzer giert nach mehr Eigentum.

Ins Ohr hinein wie ein Unterarm,
zum Mund heraus
wie eine ganze Armspanne.

Wer in den Krieg zieht, der tötet.
Wer handelt, der betrügt.

Ein guter Mensch wird
weder vom Teufel getötet
noch von einem Pferd getreten.

Ein Bambus hat verschiedene Teile,
Geschwister haben verschiedene Herzen.

Wer viel haben will, kriegt wenig.
Wer wenig will, bekommt mehr.

Wenn du schnell sein willst,
musst du kriechen,
wenn du langsam sein willst,
musst du rennen.

Ein Tablett voll Geld ist nicht so viel wert
wie ein Kopf voll Verstand.

Tue Gutes
und dir wird Gutes widerfahren.

Wenn du das ganze Jahr über auf dem Feld bist,
brennt dein Reislager ab.

Lieber als Teufel sterben denn als Sklave.

Man kann Geld finden,
aber keinen gutherzigen Menschen.

Wenn der Zaun viele Pfosten hat,
ist er fest.
Wenn das Haus viele Verwandte hat,
ist es gut.

Worte süß wie Zuckerrohr,
aber das Herz sauer wie eine Zitrone.

Ein guter Handwerker findet seinen Weg,
ein Sänger bleibt arm.

Ein gutes Herz bezwingt einen Tiger.

Wo der Hausgeist nicht gut ist,
dringt der Waldgeist nicht ein.

Der Sklave des Elefanten isst Elefantenkacke,
der Sklave des Pferdes isst Pferdekacke.

Das Süße verfliegt,
das Bittere ist Medizin.

Mit 35 Jahren weiß man,
ob man schlau oder dumm ist.

Wer hungrig ist, isst viel,
wer wütend ist, redet viel.

Viele Gedanken,
aber nichts auf den Rippen

Das *Laap* im Haus eines anderen
ist nicht besser
als die Chilisoße zu Hause.

Wer Schalentiere auf dem Teller hat,
lässt den Reis stehen.
Wer Haut auf dem Teller hat,
isst auch den Reis auf.

Während einer üppigen Mahlzeit
denkt keiner an seinen Magen.

Wer viel isst, dem platzt der Magen,
wer viel trägt, dem bricht der Rücken.

Ein zu kleiner Reiskorb
kann eine Mutter töten

Wer Essen hat, isst, bis er kotzt.
Wer nichts zu essen hat,
hungert sich zu Tode.

Der Mann lenkt den Kahn, die Frau rudert.

Der Mund ist größer als der Magen.

Beim Essen vergisst man seine Schulden,
beim Vögeln seinen guten Ruf.

Bevor es zu regnen beginnt,
wird es stürmisch.
Bevor sich zwei scheiden lassen,
streiten sie oft.

Das Kind, das blindlings auf seine Eltern hört,
ist gleich dem Fisch,
der dem Schwarm ins Netz folgt,

Wenn man mit seiner Frau schläft,
soll man nicht an seine Geliebte denken.

Wenn der Regen die Blätter nässt,
gehen die Prostituierten spazieren.

Es ist einfach zu heiraten,
aber schwer, Vater zu sein.

Ein Ring ist wertvoll durch seinen Stein,
Ein Mann ist wertvoll durch seine Frau.

Ein gutes Mädchen heiratet in der Nähe,
ein faules in der Ferne.

Hässliches Mädchen, aber gute Manieren,
hässlicher Mann, aber gebildet.

Hübsch auf dem Foto,
aber der Kuss hat keinen Duft.

Ein großer Baum hat einen Baumgeist,
ein gutes Mädchen einen Liebhaber.

Der starke Regen hört wieder auf,
die Mondfinsternis geht vorüber,
aber die Geschwisterliebe bleibt.

Wenn starker Regen kommt,
erkennt man es am Wind.
Wenn sich die Geliebte trennen will,
merkt man es an ihren Augen.

Wenn du badest, bevor die Krähe kräht,
ist es Medizin.

Wissen ist wie das Kerzenlicht.
Geduld ist wie ein Kompass.

Der Weise sucht nicht in der Jauche
nach Gold.

Rufst du jemanden zum Essen,
kommt er angerannt.
Bittest du jemanden um Hilfe,
rennt er davon.

Kriege werden nicht enden,
bis wir aufhören, Geier zu sein,
bloß weil man uns Geier nennt.

Ein ungeschickter Handwerker
tadelt das Holz.

Der große Bruder kennt die Zwei,
der kleine Bruder kennt die Eins.

Reden ist leicht, tun ist schwer.

Die Stimme des Armen ist nicht lauter
als der Schrei eines Spatzen
unter dem Fuß eines Büffels.

Das Wort des Großvaters ist wertvoller
als das von zehn Juristen.
Außen makellos sauber,
innen gedeiht keine Blume.

Wenn du zum Mönch gehst,
gibst du Almosen,
wenn du zum Chef gehst,
gibst du Geschenke.

Ein Mensch kann leicht jemanden finden,
der mit ihm isst, trinkt oder fischen geht,
aber keinen, der mit ihm sterben will.

Wenn Arbeit die Quelle des Reichtums wäre,
würde die Welt anders aussehen.

Die Sprache sagt,
aus welchem Land du kommst.
Deine Manieren sagen,
aus welchem Milieu du stammst.

Wenn man den Geistern Opfer bringt,
bekommen die Waisen Milch.

Bambus hat verschiedene Knoten,
Verwandte haben verschiedene Herzen.

Zehn Gedanken sind weniger wert
als eine Erfahrung,
zehn Schwiegersöhne sind weniger wert
als ein Schwiegervater,
zehn Wörter sind weniger wert
als eine Tat.

Wenn du willst, dass jemand stirbt,
wirst du sterben.
Wenn du willst, dass jemand beschimpft wird,
wirst du selbst beschimpft.

Ein guter Freund bringt dir Glück,
ein schlechter Freund bringt dir Verlust.

Menschen aus verschiedenen Dörfern
sind so verschieden
wie Heilkräuter aus verschiedenen Gärten.

Das Kind eines anderen erziehen
zu wollen, ist wie benutztes Betel kauen.

Glück zieht Glück nach sich,
Reichtum vermehrt sich von allein.

Ein Grashüpfer hüpft
und ein Vogel fliegt,
wenn du es nicht erwartest,

Ein drei Monate altes Huhn
ist reif zum Schlachten,
Ein dreijähriges Pferd
ist reif zum Reiten.

Ein Büffel mit kurzen Hörnern
stößt gern damit,
arme Leute reden gern viel.

Etwas mit den Händen zu tun ist schwer,
über etwas zu reden ist einfach.

Redewendungen

Die Schlange trinkt Wasser.
(Regenbogen)

Der Frosch verschluckt den Mond.
(Mondfinsternis)

Fressen wie ein Schwein,
schlafen wie ein Hund
(Taugenichts)

Vogel mit zwei Köpfen
(Heuchler, doppelzüngiger Mensch)

Tamarinde mit einem Segment
(ein sehr kleiner Mensch)

Einen toten Elefanten
mit einem Lotusblatt zudecken

Das Gesicht zur Erde,
den Rücken zum Himmel

In der Nacht Zibetkatze,
am Tag Eule

Eine Nadel im Meer suchen

Flöte spielen für die Ohren des Büffels

Einem Glatzkopf einen Kamm geben

Die Maus fällt in den Reiskorb.

Ein Krokodil bringt einen Hund
über den Fluss.

Der Affe kriegt die Kokosnuss.

Das Brot fällt in die Hand des Affen.

Das Haus am Wald,
aber die Pfähle sind kaputt,
das Haus am Wasser,
aber der Krug mit der Fischsoße ist leer.
(Faulpelz)

Quellennachweis

Ein Teil der Sprichwörter wurde aus folgenden Sammlungen entnommen:

Khamkone. Peum Meuang Lao;
Souksavang Simana; Bosengkham Vongdala, Bounkien Soulivong; 1990; Ministerium für Bildung und Sport

Kham Bouhan
Houmphane Rattanavong; 2005 (noch unveröffentlicht)

Die Fotos wurden in verschiedenen Tempeln in Vientiane aufgenommen.

Martina Sylvia Khamphasith wurde 1959 in Berlin geboren. Sie studierte Germanistik und lebt seit 1984 in Vientiane/Laos. Sie arbeitet freiberuflich im Bereich Deutsch als Fremdsprache und als Lektorin.

Von Martina Sylvia Khamphasith sind folgende Bücher als Printausgabe und als Kindle-E-Book erschienen:

Xieng Mieng, Schelmengeschichten aus Laos; 2007
Hamburger Haiku Verlag
ISBN 978-3-937257-99-0

Warum Krokodile keine Affenherzen fressen.
Fabeln und Tiergeschichten aus Laos; 2007
Hamburger Haiku Verlag
ISBN 978-3-937257-98-3

Tempel und Tortillas. Erlebnisse in Laos und Mexiko;
zusammen mit Kiki Suarez; 2007
Hamburger Haiku Verlag
ISBN 978-3-937257-97-6

The Bamboo Bridge. Experiences in Laos; 2008
Hamburger Haiku Verlag
ISBN 978-3-937257-96-9

Haiku from Laos; 2008
Hamburger Haiku Verlag
ISBN 978-3-937257-94-5

Spruchweisheiten aus Laos; 2009
Hamburger Haiku Verlag
ISBN 978-3-937257-19-8

Die letzte Frucht. Geschichten aus Laos; 2009
Hamburger Haiku Verlag
ISBN 978-3-937257-25-9

Der Blumenschreck. Geschichten aus Laos; 2010
Hamburger Haiku Verlag
ISBN 978-3-937257-26-6

The Flower Bogey. Stories from Laos; 2009

Die Freundlichen Geister, 2010
Hamburger Haiku Verlag
ISBN 978-3-937257-65-5

The Friendly Ghosts. Stories from Laos; 2010
ISBN 978-1-490936-18-5

Die Bambusbrücke. Erlebnisse in Laos; 2012
ISBN: 978-1-490425-26-9

Wahlheimat Laos. Expats erzählen, 2013
ISBN- 978-1-490908-87-8

Nur als Kindle E-Book sind erschienen:

Herr Orloch.
Geschichten aus dem alltäglichen Wahnsinn; 2012

Der schwarze Stein. Geschichten aus Laos; 2012

Stimmungen. Ein Haiku-Spaziergang; 2013

The frog swallows the moon.
Children's stories from Laos; 2013

Der Frosch verschluckt den Mond.
Kindergeschichten aus Laos; 2013

Der Glücksverkäufer.
Kunterbunte Kurzgeschichten; 2013

The Rat Plague. Children's stories from Laos; 2013

Die Rattenplage Kindergeschichten aus Laos; 2013